Hiltraud Olbrich

Was der alte Nils von Gott weiß

Illustrationen von Astrid Leson

Verlag Ernst Kaufmann

1. Auflage 2001

Printed in Germany
Hergestellt bei Dinner-Druck GmbH, Schwanau
ISBN 3-7806-2553-9

Gott sei Dank

Schon immer wollte Franziska wissen, wie das mit Gott ist; man sieht ihn nicht und hört ihn nicht und doch glauben wir an ihn.
Und an dem Tag, als der alte Nils die Katze von Frau Matzke rettet, beschließt Franziska, der Sache auf den Grund zu gehen.

Franziska tauscht mit Fabian Fußballbilder unter der großen Kastanie hinter dem Haus.
Die Sonne scheint.
Frau Matzkes graue Katze streicht durch das Gras.
Ganz klein ist sie und hat eine winzige rosa Nase.
„Komm, Kätzchen, komm", lockt Franziska.

Vorsichtig kommt die Katze näher und schnuppert an Franziskas Fuß. Franziska will sie streicheln. Da zuckt die Katze zurück und springt ängstlich davon, zur Straße hin.
Die vielen Autos, denkt Franziska. Das Kätzchen ist noch so klein.
Franziska rennt sofort los, Fabian hinterher.

Der alte Nils will gerade die Straße überqueren, als er die kleine Katze sieht. Noch hockt sie unsicher im Rinnstein. Dann will sie springen, direkt auf die Fahrbahn. Eine Hupe ertönt.
Die Kinder erschrecken.
Doch blitzschnell greift der alte Mann zu. Dann hält er das zitternde Tier in den Händen.

Frau Matzke eilt herbei. Sie wohnt im selben Haus wie Franziska.
„Das ist noch einmal gut gegangen“, sagt der alte Nils zu Franziska und Fabian. „Gott sei Dank!“
„Von Gott seh ich hier nichts!“, schimpft Frau Matzke laut und schnauft vom schnellen Laufen. „Sagen Sie den Kindern lieber, dass sie meine Katze in Ruhe lassen sollen.“

Der alte Nils hält Frau Matzke die verängstigte Katze hin.
„Hier, es ist ja nichts passiert!“
Die Frau greift hastig nach dem kleinen Tier. Dann wendet sie sich an Franziska und Fabian:
„Bleibt von meinem Kätzchen weg. Es ist schon einmal eine meiner Katzen überfahren worden, nur weil Kinder sie gejagt haben.“
Sie drückt die Katze fest an sich und streichelt sie. Dann geht sie mit ihr ins Haus zurück.

„Die spinnt“, sagt Franziska empört. „Wir haben das Kätzchen doch gar nicht gejagt.“

Fabian zuckt mit den Schultern.
„Die Hauptsache ist doch, dass das Kätzchen lebt. Egal, was Frau Matzke denkt.“

Sagt man doch so

„Du, Fabian, was glaubst du, ob Gott wirklich nichts damit zu tun hat, dass das Kätzchen gerettet wurde?“
Fabian schaut von seinem Hausaufgabenheft hoch.
„Worüber du dir den Kopf zerbrichst!“, sagt er. „Beeil dich lieber, damit wir raus können.“

Aber Franziska gelingt es nicht, die Zahlen richtig zusammenzurechnen.
„Ich muss immer an die kleine Katze denken. Wenn die unter ein Auto geraten wäre?“
„Ist sie aber nicht“, entgegnet Fabian. „Der alte Nils war ja da.“
„Ja“, sagt Franziska nachdenklich. „Und er hat ‚Gott sei Dank‘ gesagt.“

Fabian rollt mit den Augen.
„Das sagt man doch so.“
Franziska überlegt.

„Stimmt! Ich habe auch ‚Gott sei Dank' gesagt, als ich gestern beim Mogeln in der Schule nicht erwischt wurde."

Fabian lacht: „Wäre ja noch schöner, wenn Gott sich um deine Mogeleien kümmern würde."

„Das weißt du doch nicht! Genauso wenig, wie du weißt, ob Gott etwas mit der Rettung der Katze zu tun hat."

Franziska sieht Fabian herausfordernd an. Dann malt sie eine Katze mit einem langen Schwanz in ihr Rechenheft. Dahinter schreibt sie ein dickes Fragezeichen.

Fabian sieht das.

„Du nervst, Franziska. Aber wenn du es unbedingt wissen willst, frag den Nils, wie er sein ‚Gott sei Dank' gemeint hat."

„Genau!" Franziska klappt ihr Heft zu. „Das mache ich – und zwar sofort!"

Fabian zögert. Dann packt auch er die Schulsachen weg.
„Ich komme mit und rechne heute Abend weiter."

Draußen sehen Franziska und Fabian einen Regenbogen. Weit spannt er sich über die Stadt.
Fabian schaut auf die bunten Farben.
„Ich habe gelesen, der Regenbogen ist ein Zeichen dafür, dass Gott immer bei den Menschen ist."
Franziska stöhnt und verdreht die Augen.
„Das ist es ja! Alle sagen das, aber wie es funktioniert, erklärt mir niemand."

Fabian schiebt seine Mütze in den Nacken.
„Wie auch! An etwas glauben, was man nicht sieht – verflixt schwer! Mein Vater sagt jedenfalls, er kann es nicht."
Franziska nickt.
„Mir wäre es auch lieber, wenn ich Gott sehen könnte."

Eine schwere Frage

Der alte Nils wohnt im Nachbarhaus. Alle in der Gegend kennen ihn, obwohl kaum einer seinen Nachnamen weiß. ‚Alter Nils' nennen ihn alle.
Die Kinder aus der Umgebung gehen gern zu ihm. Sie wissen, der alte Nils hat Zeit für sie. Ihn können sie alles fragen.
Als Franziska und Fabian ihn aufsuchen, liest er gerade in einem dicken Buch. Er legt es zur Seite und rückt die Brille zurecht.
„Was für eine Überraschung", sagt er und schaut die Kinder freundlich an. „Ihr wart schon lange nicht mehr bei mir."

„Wir … wir möchten dich etwas fragen.“ Fabian zögert. Er weiß nicht, wie er anfangen soll.
Da platzt Franziska heraus: „Wie können wir eigentlich wissen, ob es Gott gibt? Kein Mensch kann ihn sehen.“

Der alte Nils nimmt ein paar Bücher von den Stühlen und legt sie weg.
„Setzt euch doch“, sagt er. „Dann spricht es sich besser.“

Franziska und Fabian setzen sich an den Tisch.
Nils nimmt ihnen gegenüber Platz.
Im Zimmer ist es eine Weile still. Der alte Mann hält den Kopf gesenkt und streicht mit der Hand über seinen Bart.
Franziska und Fabian kennen das: Nils denkt nach.
Die Kinder warten gespannt.

Was wichtig ist

Endlich sagt der alte Nils: „Ihr wollt also Gott sehen, damit ihr glauben könnt, dass es ihn gibt."
Franziska antwortet rasch: „Ja! Dann ist es doch viel leichter."
Und Fabian fügt hinzu: „Mein Vater sagt auch, er glaubt nur, was er sieht."
Der alte Nils seufzt. „Das versteh ich. So denken viele Menschen. Auch ich habe früher oft gefragt: Gibt es Gott wirklich? Am liebsten hätte ich ein Bild von ihm gehabt." Nachdenklich blickt der alte Mann zum Fenster hinaus.

Nach einer Weile spricht er weiter: „Irgendwann habe ich dann erkannt: Es gibt kein fertiges Bild von Gott. Es ist so wie bei einem Puzzle, zu dem noch viele Teile fehlen. Ich denke, wir Menschen werden nie ein vollständiges Bild von Gott haben."
„Und trotzdem glaubst du, dass es ihn gibt?" Fabian schaut den alten Mann fragend an.

Nils steht auf, holt eine Schale mit Nüssen vom Schrank und stellt sie auf den Tisch. „Heute weiß ich, dass es Gott gibt!"
„Warum denn jetzt auf einmal?", fragen Franziska und Fabian gleichzeitig.
Der alte Nils lächelt. „Ich habe erlebt, dass es Gott gibt. Ich brauche kein Bild mehr. Das ist nicht mehr wichtig."
„Gott erlebt?" Franziska ist unsicher. „Wie soll ich denn das verstehen?"
Der alte Nils lässt sich Zeit, ehe er erklärt:
„Wir können Gott zwar nicht sehen, aber wir sehen Spuren von ihm. Und davon gibt es viele in der Welt. Damals, im Krieg, habe ich eine Spur von Gott gefunden."

„Ausgerechnet im Krieg? Das geht nicht in meinen Kopf." Franziska staunt. „Kannst du das nicht deutlicher sagen, Nils."

Der alte Mann setzt seine Brille ab, putzt sie sorgfältig und legt sie vor sich auf den Tisch.
Dann erzählt er:
„Damals lagen Menschen unter zerbombten Häusern begraben; und es gab andere, die mit bloßen Händen die Steine wegräumten, um sie zu retten. Wieder andere, die selbst kaum zu essen hatten, teilten ihr Brot mit Hungernden. Ich habe erlebt, wie Männer, die eigentlich Feinde waren, sich nicht töteten, sondern sich gegenseitig halfen."
„Und wo war da Gott?", fragt Franziska.
„Mittendrin war Gott. In all dem Unglück mittendrin. Damals hab ich gespürt: Hier ist Gott unterwegs. In Hass und Elend gibt es Liebe: Für mich waren das Spuren von Gott."

Fabian beugt sich vor und schaut den alten Mann interessiert an: „Können wir auch Gottes Spuren sehen? Auch heute noch?“

„Bestimmt! Wenn ihr Augen und Ohren dafür öffnet!“, antwortet der alte Nils.

Franziska stöhnt und Fabian zuckt hilflos mit den Schultern.

Doch der alte Nils schmunzelt und schweigt.

Franziska und Fabian wissen jetzt: Nils erwartet, dass sie selbst darüber nachdenken und es allein herausfinden.

Der alte Mann deutet auf die Nüsse. „Möchtet ihr Nüsse knacken?“, fragt er und schiebt die Schale über den Tisch.

Franziska und Fabian verziehen die Gesichter: „Nüsse knacken wir doch schon die ganze Zeit“, meint Franziska.

Erinnerung an Tante Sofia

Franziska und Fabian pflanzen Vergissmeinnicht auf Tante Sofias Grab.
Vor einem Jahr ist Franziskas Tante hier begraben worden. Die Kinder hatten sich damals vorgenommen, ihr Grab zu pflegen. Und immer, wenn sie das jetzt tun, erinnern sie sich an Tante Sofia, an die Zeit mit ihr und an die Geschichten, die sie erzählt hat.

Plötzlich fragt Franziska. „Weißt du noch, was Tante Sofia von Gott gesagt hat?"
Fabian legt den kleinen Spaten aus der Hand.
Nach einer Weile antwortet er: „Gott ist überall, hat Tante Sofia gesagt."
„Ja. ‚Und besonders in den Herzen der Menschen, die lieben, ist Gott', hat sie auch gesagt."
Franziska häuft vorsichtig Erde um eine Pflanze und fährt fort: „Ich glaube, das ist ungefähr auch das, was der alte Nils meint."
„Kann sein." Fabian seufzt. Er geht Wasser holen und schleppt die gefüllte Gießkanne zurück.

„Hilfst du mir, Gottes Spuren zu suchen oder nicht?“, fragt Franziska.
„Kannst du nicht mal an etwas anderes denken?“
„Möchtest du nicht auch wissen, wie das mit den Spuren ist?“, fragt Franziska.
„Klar. Aber ich warte lieber mit dem Suchen bis zu den Sommerferien. Dann hab ich mehr Zeit.“

Franziska packt die Gartengeräte in einen Korb. „Du bist denkfaul, Fabian“, sagt sie. „Wenn du nicht willst, krieg ich es eben allein raus.“
Fabian beruhigt Franziska: „Keine Bange, ich helfe dir schon, die Spuren zu suchen. Aber es muss ja nicht sofort sein.“

„Einverstanden!“ Franziska ist erst einmal zufrieden. Stolz deutet sie auf das schön bepflanzte Grab. „Das würde Tante Sofia freuen.“
Fabian stimmt zu: „Ja, Tante Sofia mochte Blumen so gern.“

Ein Schmetterling flattert durch die Luft und setzt sich auf ein Vergissmeinnicht. Eine Amsel pickt nach Würmern in der frisch geharkten Erde.

Das Kätzchen ist weg

Am anderen Morgen begegnen Franziska und Fabian Frau Matzke. Sie hat rote Augen. Die Kinder erkennen sofort, dass sie geweint hat.
„Habt ihr mein Kätzchen gesehen?", fragt Frau Matzke.
Franziska und Fabian schütteln die Köpfe.
„Mein armes Kätzchen", klagt Frau Matzke. „Wenn es nur nicht von Kindern gefangen gehalten wird."

Fabian wundert sich. „Warum sollten Kinder Ihr Kätzchen gefangen halten?", fragt er.
„Weil ihr mein Kätzchen nie in Ruhe lasst." Frau Matzke wischt sich mit dem Ärmel ihrer Strickweste über die Augen. „Wo ist es nur, mein Kätzchen?"
Schließlich geht sie weg, ohne sich weiter um die verblüfften Kinder zu kümmern.

„Wenn ich eine Katze wäre, würde ich auch von Frau Matzke weglaufen."
Franziska sieht der Frau verärgert nach. „An allem sind bei ihr die Kinder schuld."
„Lass sie doch!" Fabian versucht Franziska zu beruhigen. „Vielleicht ist sie so komisch, weil sie keine Kin-

der hat. Sich immer nur mit einer Katze zu unterhalten, ist auch nicht gerade das Größte."
„Kann sein. Ich mag sie trotzdem nicht."

Am nächsten Tag ist Frau Matzkes Katze immer noch nicht zurück. Und auch nicht am übernächsten Tag. Franziska erfährt es von ihrer Mutter. Sie zeigt ihr die Tageszeitung. Franziska liest:

Liebes graues Kätzchen verschwunden.
Für Hinweise bin ich dankbar.

Matzke
Nachtigallengasse 2a

Ich glaube nicht, dass der jemand hilft, so hässlich wie sie immer zu anderen ist, denkt Franziska.

Dann fällt ihr ein, dass sie sich mit Fabian zum Schwimmen verabredet hat. Sie legt die Zeitung beiseite, packt schnell ihre Badesachen ein und läuft hinüber zu Fabian.

Spurensuche

Als Franziska Fabians Zimmer betritt, schaltet er den Computer aus und springt auf. „Hilfst du mit, Frau Matzkes Kätzchen zu suchen?"
„Wie bitte?" Franziskas Augen werden groß. „Bei *dem* tollen Wetter? Wir wollten doch zum Schwimmen?"
„Ja, aber …" Fabian atmet tief durch und versucht eine Erklärung. „Frau Matzke hat eine Anzeige aufgegeben und …"
Franziska unterbricht ihn. „Die Anzeige habe ich auch gelesen. Aber wir waren doch verabredet. Morgen kann es schon wieder regnen."
Fabians Stimme klingt ein wenig spöttisch. „Wir können doch auch mal etwas anderes suchen als nur Gottes Spuren."

In Franziskas Augen blitzt es. „Ach, dafür hast du keine Zeit, aber für eine Katze!“ Wütend wirft sie ihr Badezeug auf das Bett.
„Frau Matzke tut mir Leid“, erwidert Fabian unsicher. „Für sie ist es doch so wichtig, dass ihr Kätzchen gefunden wird.“
Franziska stemmt die Hände in die Hüften. „Für dich ist alles wichtig“, schimpft sie. „Frau Matzke ist wichtig, die Katze ist wichtig, nur *ich* bin nicht wichtig.“

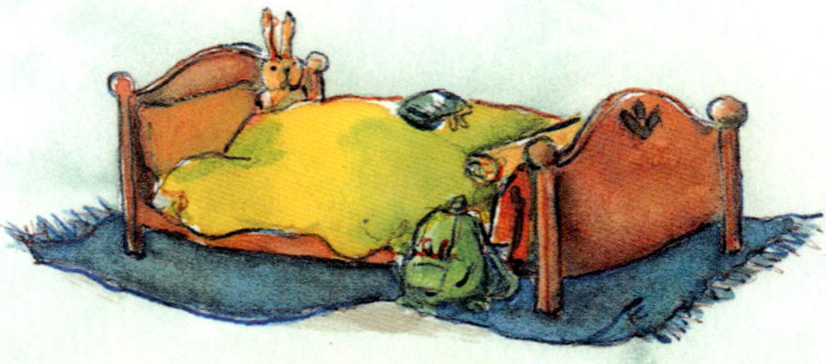

Fabian sieht Franziskas Enttäuschung. Jetzt tut ihm auch Franziska Leid. Er möchte es ihr gern zeigen, doch er weiß nicht so recht wie. Stattdessen stammelt er: „Schwimmen können wir doch immer noch.“
„Mach doch, was du willst!“, sagt Franziska trotzig. „Ich suche die dämliche Katze jedenfalls nicht. Ich gehe zum Schwimmen.“

Mit einem lauten Knall fällt die Tür ins Schloss.
Ratlos bleibt Fabian zurück.

Viele Fragezeichen und ein Punkt

Franziska rennt die Straße hinunter. An der Schule vorbei und über den Marktplatz zum Freibad am Stadtrand. Dort stellt sie fest, dass sie ihren Geldbeutel vergessen hat. Er liegt in Fabians Zimmer auf dem Bett. Auch das noch!

Vor dem Eingang zum Schwimmbad spendet ein Kastanienbaum Schatten. Franziska lehnt sich an den Stamm, rutscht langsam mit dem Rücken an der rissigen Rinde entlang nach unten und setzt sich auf den warmen Boden. Ein Marienkäfer krabbelt an ihrem Bein hoch. Franziska beobachtet ihn.

Warum ist das nur so blöd gelaufen, denkt sie. Geldbeutel vergessen! Streit mit Fabian! Der ganze Tag ist verdorben! Sie ist ziemlich durcheinander. Viele Fragen kommen auf einmal.

Franziska sucht nach einem Grund, auf Fabian böse zu sein. Aber sie findet keinen. Eigentlich will Fabian nur etwas Gutes tun, denkt sie und ärgert sich jetzt, dass sie so unfreundlich zu ihm war.

Plötzlich muss sie an den alten Nils denken. Es gibt vielerlei Spuren von Gott, hat er gesagt. Und dabei hat er von Menschen erzählt, die lieben und einander helfen; sogar dem Feind im Krieg.

Auf einmal ordnen sich die wirren Gedanken in Franziskas Kopf. Das ist es, denkt sie erstaunt. Ich hab's. Es gibt Millionen Gottesspuren auf der Welt! Und eine hab ich jetzt gefunden; wenn auch nur eine klitzekleine.
Franziska steht schnell auf. Sie will zu Fabian. Vergessen ist der Streit. Sie will ihm helfen, Frau Matzkes Kätzchen zu suchen. Egal, ob Frau Matzke hässlich zu ihr ist oder nicht.
Fabian wird staunen, denkt Franziska. Ob er weiß, dass er gerade dabei ist, eine Spur von Gott zu legen?

Mit dem Herzen gelenkt

Franziska läuft zu dem Haus von Fabian zurück. Auf ihr Klingeln öffnet niemand. Franziska überlegt: Fabian ist vielleicht schon unterwegs und sucht das Kätzchen. Hoffentlich finde ich ihn schnell. Er muss doch wissen, dass ich ihm helfen will.

Am Spielplatz trifft Franziska den alten Nils. Sie fragt ihn nach dem Freund.
„Du hast Glück“, antwortet der alte Mann. „Ich habe Fabian am Bahndamm gesehen.“

„Gott sei Dank!“, sagt Franziska. Sie stutzt – und wiederholt Silbe für Silbe: „Gott sei Dank!“
Franziska rennt los. Schon von weitem sieht sie Fabians rote Schirmmütze.
Er nimmt sie ab und winkt damit.
„Ich hab das Kätzchen!“, ruft er laut. „Ich hab das Kätzchen!“

Franziska läuft schneller. Als sie Fabian erreicht, kann sie kein Wort hervorbringen. Glücklich schaut sie auf die kleine graue Katze in Fabians Arm.
Die Kinder setzen sich auf einen gefällten Baum. Abwechselnd streicheln sie die Katze.
„Sie war in dem Schuppen hinter der Brücke", erklärt Fabian. „Dort ist sie hinein und dann hat wohl der Wind die Tür zugeschlagen."
„Jedenfalls klasse, dass das Kätzchen wieder da ist", sagt Franziska, als sie nicht mehr so schnaufen muss. „Wir werden es Frau Matzke bringen. Jetzt braucht sie nicht mehr traurig zu sein."
Und leise fügt Franziska noch hinzu. „Und klasse, dass du mir nicht böse bist."

Dann schweigen beide. Langsam dämmert es schon und am Himmel funkelt ein einzelner Stern. Fabian sieht ihn zuerst und zeigt ihn Franziska.
Dann sagt er nachdenklich: „Wir haben das Kätzchen gefunden und die Spuren von Gott finden wir auch noch. Das habe ich dir versprochen."

„Ihr habt sie schon gefunden."
Der alte Nils war Franziska zum Bahndamm gefolgt und steht plötzlich neben den Kindern.
„Ich weiß", Franziska nickt und lacht pfiffig, „ich hab's kapiert!"
Fabians Augen werden groß vor Staunen. Er muss lange überlegen. Dann fragt er unsicher: „Hat das was mit dem Kätzchen zu tun?"
„Das auch", sagt der alte Mann und schmunzelt. „Denn alle Menschen, die ihre Gedanken mit dem Herzen lenken, sind für mich Spuren Gottes."

Liebe Kinder!

Gewiss seht auch ihr manchmal etwas, das euch beunruhigt, ja, sogar Angst macht: im Fernsehen, in der Schule oder zu Hause. Vielleicht fragt ihr dann auch – wie Franziska und Fabian: „Wo ist hier Gott?“ Die Frage verstehe ich gut und ich habe viel darüber nachgedacht.

Ich glaube, dass Gott bei uns Menschen ist, auch wenn wir ihn nicht sehen. Und ich denke, wie der alte Nils, dass Gott gerade denen hilft, die es besonders schwer haben. Manchmal geschieht diese Hilfe durch andere Menschen. Sie zeigen durch ihr Verhalten Spuren von Gott. So, wie es der alte Nils erzählt hat.

Die Menschen machen unterschiedliche Erfahrungen mit Gott. Deshalb sehen die Spuren, die sie entdecken, auch unterschiedlich aus. Doch eines haben all diese Spuren gemeinsam: Sie haben etwas mit Liebe zu tun. Liebe, die wir bekommen – Liebe, die wir geben. Wo Liebe ist, da ist auch Gott.

Vielleicht wollt ihr auch auf Spurensuche gehen? Und darüber nachdenken – wie Franziska und Fabian. Es ist möglich, dass ihr noch ganz andere Spuren entdeckt, die auf Gott zeigen und die euch helfen, Gott zu verstehen. Ein weiser Mann hat einmal gesagt: Gott verlässt nicht die, die nach ihm suchen.

Ich wünsche euch Erfolg bei der Spurensuche und viele gute Erfahrungen!

Eure

Hiltraud Olbrich

Es ist nicht leicht, mit Kindern über Tod und Sterben zu sprechen. Und doch sind Kinder im besonderen Maß darauf angewiesen, von den Erwachsenen auf ihre Fragen Antworten zu bekommen, die ihnen Geborgenheit und Sicherheit vermitteln.

Hiltraud Olbrich, Astrid Leson
Abschied von Tante Sofia
32 Seiten mit farbigen Illustrationen, geheftet
ISBN 3-7806-2454-0

Die behutsam erzählte Geschichte handelt von der Freundschaft der alten Tante Sofia mit Franziska und Fabian. In den gemeinsamen Gesprächen erfahren Kinder vieles über die Vorstellungen und Hoffnungen Tante Sofias und über ihre feste Überzeugung, dass die Toten wie die Lebenden nahe bei Gott sind. Als Tante Sofia stirbt, sind die Kinder – bei aller Trauer, die sie empfinden – vorbereitet.

Das Büchlein eignet sich hervorragend zum Einstieg in Gespräche über Sterben und Tod. Es gibt Kindern und Erwachsenen die Möglichkeit, ihre eigenen Gedanken und Gefühle, ihre Fragen und Ängste auszusprechen und bietet – wenn der Ernstfall schon eingetreten ist – eine Hilfe zur Bewältigung der Trauer.

Verlag Ernst Kaufmann
Alleestraße 2 · 77933 Lahr
Telefon 07821-93900
Telefax 07821-939011